재난과 기독교의 본질

코로나19 시대에 돌아보는
복음과 예배와 교회의 본질

재난과 기독교의 본질

: 코로나19 시대에 돌아보는 복음과 예배와 교회의 본질

서형섭 지음

초판 1쇄 발행	2020년 8월 10일
초판 2쇄 발행	2020년 9월 25일
발행처	도서출판 이레서원
발행인	문영이
출판신고	2005년 9월 13일 제2015-000099호
기획, 마케팅	김정태
편집	송혜숙, 오수현
총무	곽현자

경기도 고양시 일산동구 백석로71번길 46, 1층 1호
Tel. 02)402-3238, 406-3273 / Fax. 02)401-3387
E-mail: jireh@changjisa.com
Website: jireh.kr / Facebook: facebook.com/jirehpub

책값은 표지에 있습니다.

ISBN 978-89-7435-540-1 03230

이 도서의 국립중앙도서관 출판예정도서목록(CIP)은 서지정보유통지원시스템 홈페이지(http://seoji.nl.go.kr)와 국가자료공동목록시스템(http://www.nl.go.kr/kolisnet)에서 이용하실 수 있습니다. (CIP 제어번호: 2020030811)

재난과
기독교의 본질

코로나19 시대에 돌아보는 복음과 예배와 교회의 본질

서형섭

이레서원

목차

들어가는 말	007
"신 개념" 신앙에서 "신 본질" 신앙으로	011
복음의 본질	031
예배의 본질	045
교회의 본질	057
나가는 말	075
참고 문헌	078

들어가는 말

　인류는 역사상 많은 재난을 겪어 왔습니다. 그중 이 '코로나바이러스감염증-19'(코로나19)는 개인은 물론 사회와 국가, 전 세계적으로 초유의 재난 사태를 불러일으키고 있습니다. 교회도 예외가 아닙니다. 교회 역사상 경험해 보지 못했던 일들이 일어나고 있습니다. 신앙의 선조들이 목숨 걸고 사수했던 주일 예배가 폐하여지고, 세례와 성찬도 중단되었습니다.

이 코로나 재난은 교회와 성도에게 크게 두 가지 질문을 던집니다. "이 전염병을 어떻게 이해해야 하는가?", "어떻게 대처해야 하는가?" 여러 기독교 단체와 기독교 언론, 그리고 교단 차원에서 코로나 이후의 교회의 모습과 신앙에 대해 연일 담론을 벌이고 있습니다.

하지만 한편으로 코로나에 대한 인간의 이해와 대처는 욥이 토설한 대로 "무지한 말로 이치를 가리는 어리석은 일"이 될 수 있습니다(욥 42:3). 섣부른 진단과 성급한 대안을 경계해야 합니다.[1] 톰 라이트는 코로나 사태를 분석하고 거기서 교훈을 얻고 대안을 제시하는 모든 시도를 거부해야 한다고 주장합니다.[2]

다만 우리가 할 수 있는 일은 욥처럼 인간의 한계를 깨닫고 겸비하는 것입니다. 장님이 코끼리 만지고 말하

---

1 Wright, 『하나님과 팬데믹』, 15-16. 세 가지 대안: 스토아식(운명론), 에피쿠로스식(이 또한 지나가리라), 플라톤식(내세를 사모하라).
2 Wright, 『하나님과 팬데믹』, 8.

듯이, 인간은 하나님이 행하시는 역사의 단편만 볼 수밖에 없습니다. 전지전능하시고 무소부재하신 하나님 앞에서 인간은 한낱 티끌과 재일 뿐입니다(욥 42:6).

C. S. 루이스는 "태양열이 버터는 녹이지만 진흙은 더욱더 단단하게 만든다"라고 하였습니다. 그리스도인에게 재난은 연약한 심령을 녹이는 고통이 될 수도 있고, 믿음을 더욱 견고하게 만들어 주는 역할을 할 수도 있습니다. 코로나 재난이 신앙의 비본질적 요소를 거두어 내고 본질적 요소를 보게 해 준다면 한편으로 우리에게 유익입니다. 마땅히 무너져야 할 것들이 코로나 사태로 무너지는 것은 하나님의 공의이며 은혜입니다. 하나님께서 그 무너진 것들을 의를 기초로 삼아 다시 세워 주시기 때문입니다.

> "심판이 의로 돌아가리니 마음이 정직한 자가 다 따르리로다" 시 94:15

"심판은 의를 기초로 다시 세우는 것입니다. 마음이 정직한 자는 (심판을) 받아들이십시오." 시 94:15, NIV

"신 개념" 신앙에서 "신 본질" 신앙으로

종은 자기 마음대로 일할 수 없습니다. 주인에게 자신이 할 일이 무엇인지 들어야 합니다. 종이 아무리 성품이 좋고 능력이 있고 뛰어난 성과를 낸다 하더라도 주인의 뜻대로 일하지 않으면 아무 소용이 없습니다. 하물며 "주의 종"은 어떻겠습니까? 주님에게 듣지 않고 행하는 주의 종은 성품이 좋고 열매를 많이 맺고 유명 인사가 된다 하더라도 주님께는 불법을 행하는 자일 뿐입니다. 성도는 물론 목회자가 성경이 증언하는 복음을 올바로 알지 못한 채 사역을 한다면 인간적인 기준으로는 성공했을지라도 주님 앞에서는 불법을 행하는 것입니다.

> "나더러 주여 주여 하는 자마다 다 천국에 들어갈 것이 아니요 다만 하늘에 계신 내 아버지의 뜻대로 행하는 자라야 들어가리라 그날에 많은 사람이 나더러 이르되 주여 주여 우리가 주의 이름으로 선지자 노릇 하며 주의 이름으로 귀신을 쫓아 내며 주의 이름으로 많은 권능을 행하지 아니하였나이까 하리니 그 때에 내가 그들에게 밝히 말하되 내가 너희를 도무지 알지 못하니 불법을 행하는 자들아 내게서 떠나가라 하리라" 마 7:21-23

한국 교회의 성장을 돌아보면 주님께 듣고 행하기보다는 시대적 필요와 인간적인 필요에 부응해서 사역한 면이 적지 않습니다. 주의 종이라고 불리는 목회자들이 주인인 주님의 말씀은 듣지 않고 제멋대로 행동하면서 자기네들끼리 서로 경쟁하고 시기하며 잘난 척해 왔습니다.

사실 한국의 개신교는 백사십 년의 일천(日淺)한 역사를 가지고 있습니다. 이천 년 교회사의 관점에서 보면 하나의 작은 점에 불과합니다. 일제 강점기와 6·25 전쟁을 겪으면서 한국 교회는 여러 시대적인 상황에 굴복하여 신앙을 버리기도 했습니다. 지금은 복음이 한국의 종교성과 혼합되어 성경이 증언하는 복음에서 멀어지고 있습니다.

종교학자 카렌 암스트롱은 『신의 역사』에서 아브라함 이후 현대에 이르기까지 3대 유일신 종교(기독교, 유대교, 이슬람)가 신(하나님)을 어떻게 인식했는지 탐구합니다. 그 책에서는 신에게 인간이 파악할 수 없는 "본질"(우시아)이 있다고 합니다.[3] 그런데 인간은 "본질"의 표현 형태인

---

3 Armstrong, 『신의 역사 Ⅰ』, 208.

"신에 대한 개념"(휘포스타세스)을 신앙한다고 합니다. 이 "휘포스타세스"를 히브리서 11:1에서는 "(바라는 것들의) 실상"이라고 번역합니다. 이 단어에는 특정한 대상을 외부에서 바라보며 갖는 외연(外緣)의 의미가 있습니다.

"신 본질"은 하나님 자신으로, 요한복음 1:18에서는 "아들이 계시하신 아버지"("독생하신 하나님이 나타내셨느니라")라고 설명합니다. "신 개념"은 본질의 표현 형태이며, 주로 시대에 의미와 적절성을 주는 신으로서, 인간이 파악하는 실상(휘포스타세스)입니다.

암스트롱은 3대 유일신 종교가 시대마다 의미와 적절성을 띤 "신에 대한 개념"을 만들어 신자들에게 숭배하게 했다고 주장합니다. "신 개념"이 가진 의미와 적절성이 사라지면 그 신을 조용히 폐기하고, 그것을 대체하는 새로운 신 개념을 창조한다는 것입니다. 이렇게 시대에 유용한 신에 대한 개념은 "사람이 만든 신"일 뿐입니다. 시대가 변하면서 신 개념도 변합니다.

"특정한 신 개념이 의미나 적절성을 상실했을 때 그것은 조용히 폐기 처분되고 새로운 신 개념으로 대체되었다. (중략) 각 세대는 자신들에게 유용한 신 개념(이미지)을 창조해야 했다."[4]

18세기 들어 무신론자들은 기독교의 신 개념이 허구라고 폭로합니다. 무신론자 홀바흐는 "신을 믿는 것은 자기기만의 부정직한 행위이며 절망의 표현이다"라고 주장합니다.[5] 그는 종교란 인간이 고통스러운 현실 세계 속에서 위안을 찾고 장차 닥칠지 모를 미래의 재앙을 피하기 위해 가상의 신적 존재를 만들어 숭배하는 것이라고 말합니다.[6] 그리고 종교란 성숙한 인간이 도려내야 할 무지와 공포의 싹이라고까지 표현합니다.

4　Armstrong, 『신의 역사 Ⅰ』, 22.
5　Armstrong, 『신의 역사 Ⅱ』, 597.
6　Armstrong, 『신의 역사 Ⅱ』, 597.

급기야 19세기 들어서는 무신론을 뛰어넘어 "신의 죽음" 사상이 대두합니다. 과학 기술의 발달은 신으로부터 독립된 인간 존재의 가능성에 눈을 뜨게 만들었습니다. 루트비히 포이어바흐, 카를 마르크스, 찰스 다윈, 프리드리히 니체, 지그문트 프로이트 같은 인물들은 신이 없는 세계에 대한 학문적 해석을 제기합니다. 그 결과 19세기 말부터 많은 사람이 종교의 속박에서 인간을 해방시키고자 하는 "신의 죽음" 사상에 동조하게 됩니다. 이때부터 서구 기독교가 급속히 몰락합니다.

신 개념 신앙이 사라진 자리에 두 가지 대안이 나타납니다. 쇠렌 키르케고르의 "신비적 실재 사상"과 프리드리히 니체의 "강력한 초인 사상"입니다. 키르케고르는 기존 기독교회의 교리(신 개념)가 형언할 수 없는 신의 신비적 실재(신 본질)를 대치하여 하나의 우상이 되었다고 비판합니다. 그리고 참된 기독교 신앙이란, 화석화되어 버린 구태의연한 신념 체계(신 개념)에서 벗어나, 불가해

한 신비의 신(신 본질)에게 온몸을 던져 (만물 위로) 비약하는 것이라고 설명합니다.[7]

니체는 신 개념 신앙을 폐기한 자리(신의 죽음)에다 신을 대치하는 초인(超人)을 둡니다. 그는 인간의 나약함을 대변하는 사랑과 연민의 기독교는 없어져야 하며 대신 강력한 인간이 출현해야 한다고 강조합니다.[8] 그런데 아이러니하게도 강력한 초인 탄생을 주장한 니체는 고독한 병약자로, 결국 정신 이상자가 되어 비극적으로 생을 마칩니다. 주목할 점은, 그가 신이 죽었다고 주장하면서도 그의 심연에서는 참된 신을 알기를 열망했다는 것입니다.[9]

---

7 Armstrong, 『신의 역사 Ⅱ』, 613.
8 Armstrong, 『신의 역사 Ⅱ』, 617.
9 Niezsche, 『차라투스트라는 이렇게 말했다』, 444. "아니다! 돌아오라, 그대의 모든 고문과 함께! 모든 고독한 자들 중에서 가장 마지막 사람에게. 아, 돌아오라! 내 눈물의 시내는 흐르고 또 흐른다. 그대를 향해! 그리고 나의 심장의 마지막 불꽃은 '그대를 향해' 불타오른다! 아, 돌아오라, 나의 미지(未知)의 신이여! 나의 고통이여! 나의 마지막 행복이여!"

신 개념 신앙에서 신 본질 신앙으로의 비약은 "생명의 말씀"을 받아들여야 가능합니다. 진리의 영이 생명의 말씀을 계시할 때 우리는 생명에 이르고 신 본질 신앙으로 승화됩니다(고전 2:9-10; 요 6:63). 누구도 말씀을 떠나서는 신 본질 신앙을 가질 수 없습니다. 그런데 니체 당시 사람들이 참된 신앙을 갈망하면서도 말씀을 외면한 것은, 계몽주의의 영향으로 말씀의 권위가 추락한 탓도 있습니다.

신 본질 신앙에 이르기 전까지 사람들은 신 개념 신앙의 한계 상황에서 고통을 당합니다. 전통 교회에서 배운 지식과 교리는 무의미해지고, 성경은 화석화된 문자로 간주해 버립니다. 몸을 불살라 헌신하던 사역은 시들해지고, 신자들과의 교제는 지루하기 짝이 없습니다.

19세기 중반 이후 인본주의를 바탕으로 하는 자유주의 신학이 꽃을 피웁니다. 이 시기에 일어난 두 번의 세계대전은 인간의 무력함을 여실히 드러냈고, "신의 죽음" 사상은 "신에 대한 두려움" 사상으로 발전해 갑니다.

일군의 신학자들이 성경이 증거하는 참하나님에 대해 나름대로 의견을 제시합니다. 이들은 키르케고르가 신 개념 신앙을 넘어 파악한 불가해한 신비의 신에 대해 신학적 성찰을 시도합니다. 칼 바르트는 신학의 출발점을 창조 이전의 세계에 두고, 영원(만물 위)과 시간(만물 안) 사이에 "무한한 질적 차이"가 있다고 주장합니다. 이 같은 무한한 질적 차이를 극복할 수 있는 길은 예수 그리스도 안에서 일어난 하나님의 자기 계시에 있다고 밝힙니다.[10] 폴 틸리히는 전통적인 유신론의 신이 의심의 불안 속으로 사라질 때 비로소 "신 위의 신"(God above god)이 나타난다[11]고 하면서 무신론을 극복하고자 합니다. 그가 말한 사라져야 할 유신론적 신은 시대마다 바뀌는 유용한 신 개념, 즉 인간이 만들어 낸 신이라고 볼 수 있습니다. 그는 궁극적 실재이신 "God above god"을 "참하나님"으

---

10 김균진, 『현대 신학사상』, 42.
11 Cox, 『세속도시』, 143.

로 신앙할 것을 전통적 유신론의 대안으로 제시합니다.

한국의 기독교는 시대가 격동할 때마다 이에 부응한 "신 개념"이 신앙을 주도했습니다. 일제 강점기에는 피안의 세계를 동경하고, 예수 재림의 임박성을 문자적으로 받아들였습니다. 1920년대 김성도 권사는 잘못된 방향으로 주님을 열정적으로 섬김으로써 결국 이단의 원조가 되고 말았습니다. 한국 교회는 참혹한 전쟁과 지독한 가난을 겪으면서, 진지하게 진리를 성찰하기보다는 당장 삶에 닥친 현실적인 문제를 해결하는 수단으로 "신 개념"을 열렬히 숭배했습니다. 현세적 복을 비는 기복 신앙, 문제 해결과 응답에만 초점을 두는 기도원 신앙, 감정을 편안하게 해 주는 상담과 치유 사역 등과 직분 상승, 목회 성공, 교회 부흥을 추구하는 것이 바로 그것입니다. 이것은 "신 본질" 신앙과 전혀 무관합니다. 그러나 정작 교회 안에서는 신앙의 중요한 요소로 작용해 왔습니다.

얼마 전에 저는 정통 교단에 속한 한 목사가 목회 활동을 하다가 무신론자가 되었다는 이야기를 들었습니다. 삼백 명 정도의 성도들이 있는 교회였는데, 그 목사가 설교를 하다가 "하나님은 없다. 지금 당신들을 보니 하나님은 없다"라고 선언하고는 무신론자가 되었다고 합니다. 지금은 "Good without God"(하나님 없이 선하게 살기) 활동을 한다고 합니다. 또 한 명의 목사 역시 중직자들의 핍박이 너무도 커서 하나님께 부르짖었으나 응답이 없자 목회를 그만두고 무신론자가 되었다고 합니다.

무신론자가 된 목사들이 "없다"라고 외친 그 하나님은 한국 교회에서 없어져야 할 "신 개념"입니다. 어쩌면 그들은 인간과 시대의 필요에 따라 만들어 낸 신 개념을 열심히 숭배하며 종교 장사꾼 노릇을 하는 어떤 목회자들보다 도리어 양심적일지도 모릅니다. 다만 자기 결단으로 이 시점에서 신앙생활을 끝낸 것은 매우 안타까운 일입니다.

자기 양심을 속이면서 하는 목회는 배우가 연기하는 "외식"과 다를 바 없습니다.[12] 자기 속에 믿음이 없는데 믿음을 선포하고, 자기 속에 기쁨이 없는데 기뻐하라고 외치고, 자기 속에 주님이 없는데 주님을 선포하고, 자기는 말씀으로 살지 않는데 말씀으로 살라고 외치는 것은 배우가 연기하는 "외식"입니다. 어떤 목사는 유명한 목사의 설교를 대본으로 삼아 연기를 하기도 합니다. 이것은 신 개념을 숭배하는 목회자가 연기하는 막장 드라마입니다.

요즈음 포스트 코로나를 대비한 목회 가이드가 넘쳐납니다. 우상 공장인 인간의 마음에서 또다시 시대에 맞는 "신 개념"을 고안해 내는 것은 아닌지 염려됩니다. 그것은 한동안 효력을 발휘할 것입니다. 하지만 시대가 변함에 따라 그것은 풀의 꽃처럼 마르고 떨어지고 사라지

---

12 "외식"의 헬라어 "휘포크리테스"는 "연기자"라는 뜻입니다.

고 말 것입니다.

종교 개혁 이후 무신론과 신 죽음 사상은 "신 본질"이 아닌 "신 개념"의 신앙을 공격합니다. 진리의 관점에서 보면 이 같은 신 개념 신앙은 우리가 마땅히 극복해야 할 과제입니다. 성경이 증언하는 신 본질이 성령을 통해 우리에게 계시될 때 신 개념 신앙을 비로소 극복할 수 있습니다. 곧 "생명의 말씀"(요일 1:1, 신 본질)이 계시될 때 가능합니다.

요한복음에서 참하나님은 만물 위, 하늘에서 오신 아들을 통해 자기를 계시하십니다. 아무도 하나님의 "본질"(우시아)을 보지 못합니다. 그런데 아버지 품속에 있는 독생자(아들)가 마침내 계시됩니다(요 1:18). 이 점에서 아들은 아버지의 역사적 계시자입니다. 그리고 아버지가 아들에게 영생을 전하라고 명령하십니다(요 12:50; 17:2, 4). 영생은 아버지가 아들에게 주신 생명입니다(요 5:26). 아버지는 아들을 통해 우리에게 영생을 주십니다(요 17:2).

아버지께서 아들에게 주시고 아들이 자신을 믿는 자에게 주신 영생이 하나님의 본질입니다.

"본래 하나님을 본 사람이 없으되 아버지 품 속에 있는 독생하신 하나님이 나타내셨느니라" 요 1:18

"나는 그의 명령이 영생인 줄 아노라 그러므로 내가 이르는 것은 내 아버지께서 내게 말씀하신 그대로니라 하시니라" 요 12:50

예수 그리스도는 하늘로부터 오신 인자입니다. 그는 모세가 광야에서 뱀을 든 것처럼 땅에서 들리셨습니다. 그가 땅에서 들리신 것은 그의 죽음과 부활과 승천의 사건을 표상합니다.

"하늘에서 내려온 자 곧 인자 외에는 하늘에 올라간 자가 없느니라 모세가 광야에서 뱀을 든 것 같이 인자도 들려야 하리니 이는 그를 믿는 자마다 영생을 얻게 하려 하심이니라" 요 3:13-15

"내가 땅에서 들리면 모든 사람을 내게로 이끌겠노라 하시니 이렇게 말씀하심은 자기가 어떠한 죽음으로 죽을 것을 보이심이러라" 요 12:32-33

"하나님이 오른손으로 예수를 높이시매 그가 약속하신 성령을 아버지께 받아서 너희가 보고 듣는 이것을 부어 주셨느니라" 행 2:33

"이스라엘에게 회개함과 죄 사함을 주시려고 그를 오른손으로 높이사 임금과 구주로 삼으셨느니라" 행 5:31

그리고 예수 그리스도의 죽음과 부활은 우리에게 영

원한 생명을 얻게 합니다(요 3:15; 벧전 1:3). 곧 복음을 통하여 영원한 생명을 얻습니다(딤후 1:10).

"우리 주 예수 그리스도의 아버지 하나님을 찬송하리로다 그의 많으신 긍휼대로 예수 그리스도를 죽은 자 가운데서 부활하게 하심으로 말미암아 우리를 거듭나게 하사 산 소망이 있게 하시며" 벧전 1:3

"이제는 우리 구주 그리스도 예수의 나타나심으로 말미암아 나타났으니 그는 사망을 폐하시고 복음으로써 생명과 썩지 아니할 것을 드러내신지라" 딤후 1:10

영생의 본질은 아들이 계시하신 아버지를 아는 것입니다. 이는 아들과 아버지 안에 거하여 아버지가 아들에게 주신 영광을 보는 것입니다.

"영생은 곧 유일하신 참 하나님과 그가 보내신 자 예수 그리스도를 아는 것이니이다" 요 17:3

"곧 내가 그들 안에 있고 아버지께서 내 안에 계시어 그들로 온전함을 이루어 하나가 되게 하려 함은 아버지께서 나를 보내신 것과 또 나를 사랑하심같이 그들도 사랑하신 것을 세상으로 알게 하려 함이로소이다 아버지여 내게 주신 자도 나 있는 곳에 나와 함께 있어 아버지께서 창세 전부터 나를 사랑하시므로 내게 주신 나의 영광을 그들로 보게 하시기를 원하옵나이다" 요 17:23-24

"말씀이 육신이 되어 우리 가운데 거하시매 우리가 그의 영광을 보니 아버지의 독생자의 영광이요 은혜와 진리가 충만하더라" 요 1:14

복음을 통해 얻은 영생은 신 개념의 신앙에서 벗어나

게 하며 신 본질의 신앙으로 인도합니다. 예수를 믿고 교회를 다니고 심지어 목회 활동을 하더라도 영생을 알지 못하면, 그는 "신 개념"을 신앙하고 가르칠 수밖에 없습니다. 그는 아들이 계시한 아버지가 아니라 시대에 유용한 신, 사람이 만들어 낸 신을 숭배하는 것입니다. 하나님을 섬긴다고 하면서 실상은 자기를 위해 만든 우상을 섬기는 끔찍한 일을 저지르고 있는 것입니다. 그리스도인이라면, "나는 하나님을 믿는다"라는 고백과 함께, "나는 어떤 하나님을 믿는가"라고 스스로에게 물어보아야 합니다. 나는 성경에서 아들이 계시하신 참하나님, 만물 위에 계신 하나님을 믿는가, 아니면 시대마다 다수의 사람이 지지하는 "만들어진 신"(신 개념)을 믿는가? 하나님은 고뇌하며 묻는 자에게 진리로 응답하십니다. 그리고 진리가 우리를 자유롭게 합니다.

신 개념의 신앙은 인간이 파악한 신에 대한 개념을 믿는 것입니다. 그리스도인이 궁극적으로 믿어야 할 신 본질의 신앙은 영생이 그 본체입니다. 곧 신 본질은 하나님이 그 자신을 주시는 "생명"을 우리가 얻는 것입니다(요 20:31). 기독교 신앙의 본질은 영생에 있습니다. 영생은 예수께로부터 온 말씀이며(요 12:50), 그를 보내신 아버지께로 인도하는 진리입니다(요 14:6). 그리고 예수 그리스도가 아버지께로부터 받은 사명입니다(요 17:2). 영생을 얻은 자는 영생을 전함으로써 예수 그리스도와 동일한 사명을 수행해야 합니다(요 17:17; 딤후 1:1). 우리가 영생을 알 때 비로소 기독교 신앙의 요체인 복음과 예배와 교회의 본질에 이르게 됩니다.

복음의 본질

그동안 당연시했던 교회 활동이 코로나19 사태로 제한을 받고 있습니다. 주일 예배는 물론, 여러 가지 프로그램과 성경 공부, 모임들이 폐하여지고 있습니다. 교회 안에는 영원한 것과 영원하지 않은 것이 공존합니다. 베드로 사도는 이를 "썩어질 씨"와 "썩지 아니할 씨"로 비교합니다(벧전 1:23-25). 썩지 아니할 씨는 살아 있고 항상 있는 하나님의 말씀입니다. 세세토록 있는 주의 말씀이며, 곧 "복음"입니다. 썩어질 씨는 "복음이 아닌 모든 것"입니다. 복음이 아닌 것들은 풀의 꽃처럼 한때 흥왕하나 시간이 지나면 쇠하고 사라집니다. 탁월한 프로그램도, 풍성한 은사도, 감동을 주는 설교도, 복음이 아닌 것이면 풀처럼 마르고 꽃처럼 떨어집니다. 오직 복음만이 영원합니다.

성경에서는 복음을 두 차원으로 설명합니다. 첫 번째 차원은 "하나님의 아들 예수 그리스도"입니다(막 1:1; 롬 1:2-4). 복음의 기원은 창세전 영원에서 출발합니다. 바울은 "나의 복음"을 가리켜 태초부터 감추어졌다가 이제는 나타내신 바 된 하나님의 아들이라고 말합니다.

"나의 복음과 예수 그리스도를 전파함은 영세 전부터 감추어졌다가 이제는 나타내신 바 되었으며" 롬 16:25-26

창세전 하나님의 아들은 로고스(말씀)로 존재하셨으며

아버지와 함께 계셨습니다(요 1:1). 그는 항상 존재하고 살아 있는 하나님의 말씀입니다(벧전 1:23). 세세토록 있는 주의 말씀이며 복음입니다(벧전 1:25). 하나님이 아들을 보내기로 약속하신 것은 그를 믿는 자에게 영생을 주시기 위함입니다. 이 영생은 거짓이 없으신 하나님이 창세전에 우리에게 주기로 약속하신 은혜입니다(딛 1:2; 딤후 1:9).

창조의 목적은 창세전에 정해졌습니다. 전통적인 기독교 신학이 지지하는 창조의 목적은 구원입니다.[13] 창세전에 정해진 구원의 내용은 우리가 아들을 믿어 영생을 얻는 것입니다. 이는 그리스도 예수 안에서 하나님이 영원부터 미리 예정하신 뜻이며, 곧 그의 기쁘신 뜻대로 우리가 하나님의 아들들(영생)이 되는 것입니다. 이를 위해 하나님은 우리에게 아들을 보내겠다고 창세전에 약

13　김용규, 『신』, 489.

속하셨습니다.

"영생의 소망을 위함이라 이 영생은 거짓이 없으신 하나님이 영원 전부터 약속하신 것인데" 딛 1:2

"곧 영원부터 우리 주 그리스도 예수 안에서 예정하신 뜻대로 하신 것이라" 엡 3:11

"그 기쁘신 뜻대로 우리를 예정하사 예수 그리스도로 말미암아 자기의 아들들이 되게 하셨으니" 엡 1:5

"그는 창세 전부터 미리 알린 바 되신 이나 이 말세에 너희를 위하여 나타내신 바 되었으니" 벧전 1:20

첫 사람 아담은 하나님의 형상, 곧 아들의 형상대로 지음을 받았습니다(고후 4:4; 골 1:15; 히 1:3; 빌 2:6; 롬 8:29 참조). 아들이 있는 자에게는 영생이 있고 아들이 없는 자에게는 영생이 없습니다(요일 5:12). 아담은 아들의 모형이며, 그는 아들이 오셔서 주시는 영생을 받아야 할 자입니다(롬 5:14). 그러나 그는 아들이 오시기 전, 곧 영생을 얻기 전에 죄를 지어 하나님을 떠나고 말았습니다. 그런데도 창세전에 하나님이 하신 약속은 폐하여지지 않았습니다. 하나님이 신실하시기 때문입니다. 그러나 우리에게 영생을 주기 위해 하나님은 큰 대가를 치르셨습니다. 아들을 세상에 보내셔서, 그 아들로 하여금 인간의 죄를 대속하게 하사 십자가 위에서 죽게 하신 것입니다.

복음의 두 번째 차원은 예수 그리스도의 메시아적 행위입니다. 세상에 오실 아들은 아담과 아담 안에서 죄인이 된 모든 사람의 죄를 대신 담당하기 위해 죽으셔야 합니다. 하나님께서는 아담과 하와가 죄를 지은 현장에서 그들에게 가죽옷을 지어 입히시고, 여자의 후손에 대해 말씀하심으로써, 십자가에서 죽으실 아들을 예표하십니다.

> "내가 너로 여자와 원수가 되게 하고 네 후손도 여자의 후손과 원수가 되게 하리니 여자의 후손은 네 머리를 상하게 할 것이요 너는 그의 발꿈치를 상하게 할 것이니라 하시고" 창 3:15

> "여호와 하나님이 아담과 그의 아내를 위하여 가죽옷을 지어 입히시니라" 창 3:21

선지자들은 하나님의 아들이 세상에 오시리라고 창세기 4장부터 말라기에 이르기까지 예언했습니다(롬 1:2; 벧전 1:10-11). 복음으로 정의된 예수 그리스도가 "메시아"인 것은 보통명사(기름 부음 받은 자)가 아니라, 고유명사로서 그가 선지자들이 증거한 "종말의 구원자"라는 뜻입니다.

그리스도의 메시아적 행위는 종말의 구원자의 행위입니다. 이는 네 가지 구원 사건을 가리킵니다. 고린도전서 15:3-5에서는 이 네 가지 사건을 복음으로 명명하며 각각 독립된 문장으로 진술합니다. 이 구절들은 헬라어 "호티"(that, "것")와 "카이"(and, "과")로 연결됩니다. 영어성경(NIV)과 표준새번역은 헬라어 원문대로 번역합니다.

> "나도 전해 받은 중요한 것을, 여러분에게 전해 드렸습니다. 그것은 곧, 그리스도께서 성경대로 우리 죄를 위하여 '죽으셨다는 것과', 무덤에 '묻히셨다는 것과', 성경대로 사흘째 되는 날에 '살아나셨다는 것과', 게바에게 나타나시고 다음에 열두 제자에게 '나타나셨다고 하는 것'입니다." 고전 15:3-5, 표준새번역

이렇게 복음의 내용을 진술한 네 개의 구절은 짧으나

"독립적인 진술"로 선포됩니다.[14] 이것은 복음의 각 내용이 서로 종속되지 않으며, 구원의 사건으로서 독자적인 가치와 비중을 가지고 있음을 보여 줍니다.

"죽으셨다는 것"은 죽음의 복음(십자가 복음), "묻히셨다는 것"은 장사 복음, "살아나셨다는 것"은 부활 복음, "나타나셨다고 하는 것"은 현현 복음이라고 부릅니다. 여기서 5절에 나오는, "게바에게 나타나시고"를 복음의 내용에 포함할 것인지를 두고 신학자들 사이에 이견이 있습니다. 대다수 신학자가 "나타나시고"(현현 복음)를 복음의 내용에 포함합니다(Martin Hengel, Joachim Jeremias 등). 하지만 헤링은 이를 제외한 세 사건이 구원을 가져오는 복음이라고 주장합니다.[15] 헤링의 견해가 설득력이 있는 것은 그리스도의 죽으심과 장사됨, 부활의 사건이 구원

---

14 Barrett, 『고린도전서 주석』, 387.
15 Hering, *The First Epistle of Saint Paul to the Corinthians*(1965). Barrett, 『고린도전서 주석』, 391에서 재인용.

의 결과로서 새 생명을 살게 하기 때문입니다(롬 6:4).**16** 헤링의 견해를 받아들일 경우 "나타나시고", 즉 현현 복음은 그리스도가 드러나는 생명의 삶을 표상합니다.

> "그러므로 우리가 그의 죽으심과 합하여 세례를 받음으로 그와 함께 장사되었나니 이는 아버지의 영광으로 말미암아 그리스도를 죽은 자 가운데서 살리심과 같이 우리로 또한 새 생명 가운데서 행하게 하려 함이라" 롬 6:4

그리스도의 메시아적 행위의 복음, 곧 네 가지 구원 사건은 초대 교회 이후 모든 교회가 전해야 하는 "원복음"(original Gospel)입니다. 이는 사도들이 공통으로 이 복음을 믿고 전파하였고 바울도 고린도 교회에 그대로 전하여 믿게 한 것에 근거합니다.

16　서형섭, 『복음과 생명』, 208.

"그러므로 나나 그들이나 이같이 전파하매 너희도 이 같이 믿었느니라" 고전 15:11

 일부 한국 교회에서 증거하는 복음은 성경이 증거하는 "원복음"과 다소 다릅니다. 복음을 전하는 기관이나 전도자들 중에는 "원복음"보다 스스로 강력하게 경험한 사건에다 이를 뒷받침해 주는 내용이 나오는 성경 구절을 덧붙여서 설교를 하는 이들이 있습니다. 예를 들어, 십자가 복음을 강력하게 경험한 전도자는 자신의 체험을 중심으로 전하되, 그 근거로 십자가에 관한 성경 구절을 인용하는 것입니다. 그것도 네 가지 구원 사건에서 특정한 사건(십자가 또는 부활)만을 전하는 경향이 있습니다. 이것은 복음의 본질을 제대로 이해하지 못한 것이며, 그렇게 증거한 복음은 단발적인 효과는 있으나 복음의 목적을 결코 이루지 못합니다.
 그러면 복음의 목적이 무엇입니까? 인간에게 영원한

생명을 주는 것입니다. 이 생명이 바로 하나님이 우리에게 주기로 창세전에 약속하신 아들의 생명입니다. 복음은 그 자체가 목적이 아니고 영원한 생명을 얻도록 하는 도구적 진리입니다. 즉 복음이 도구가 되어 영원한 생명인 궁극적 진리로 우리를 인도합니다. 사도 바울은 하나님이 약속하신 "아들 안의 생명"(영생)을 전하기 위해 자신이 사도로 부름을 받았다고 합니다.

> "그리스도 예수 안에 있는 생명의 약속을 전하라는 하나님의 뜻에 따라 예수 그리스도의 사도가 된 나 바울은" 딤후 1:1, 쉬운성경

마침내 아들이 오시어 죽으시고 부활하심으로써, 인간에게 영원한 생명을 주시겠다는 약속을 성취하셨습니다. 곧 복음을 통하여(through the gospel) 궁극적인 진리인 "영원한 생명"이 드러난 것입니다(to the life).

"그리고 우리 구주 예수 그리스도가 오시고 나서야 비로소 우리에게 보여졌습니다. 예수님께서는 죽음의 권세를 깨뜨리시고, '복음을 통해 영원한 생명의 길을 보여 주셨습니다.'" 딤후 1:10, 쉬운성경

바울은 바로 이 복음, 곧 생명을 얻게 하는 복음을 전하기 위해 자신이 사도와 교사와 선포자로 세우심을 입었다고 밝힙니다.

"내가 이 복음을 위하여 선포자와 사도와 교사로 세우심을 입었노라" 딤후 1:11

"사도"(아포스톨로스)는 "보냄을 받은 자"라는 뜻입니다. 보냄을 받은 자는 자신을 보내신 분이 시키는 일을 해야 합니다. 복음이신 예수 그리스도는 우리에게 영원한 생명을 주기 위해 십자가에서 죽으시고 부활하셨습니다.

그리스도로부터 보냄을 받은 자는 그분이 하신 일, 곧 생명을 주는 복음을 전하는 일에 집중해야 합니다. 영생을 얻은 모든 사람은 바로 이 일을 위해 보냄을 받았습니다.

> "그들을 진리로 거룩하게 하옵소서 아버지의 말씀은 진리니이다 아버지께서 나를 세상에 보내신 것같이 나도 그들을 세상에 보내었고" 요 17:17-18

"목사는 무엇을 남기고 떠나는가?"라는 영상을 보았습니다. 목사는 "영원까지 이어지는 생명"을 남기는 자입니다. 생명은 예수 그리스도입니다. 목사는 그 일을 위해 부르심을 받았습니다. 목사와 성도(주님의 몸)는 생명을 줄 수 있을 때 그 존재 가치가 있습니다. 이 영상에서는 한국 교회가 부흥하려면 생명을 주는 것 외에 다른 길은 없다고 잘라 말합니다. 큰 교회를 섬겼든지 작은 교회를 섬겼든지 그가 생명을 주는 사역을 했다면 그는 진정으로 성공한 목사입니다. 목사는 생명을 남깁니다!¹⁷

---

17 기록문화연구소 동영상. https://youtu.be/FpyutJa5ZxE.

예배의 본질

 코로나19를 겪으면서 교회에서 벌어진 가장 충격적인 일은 예배와 관련이 있습니다. 한국 교회 역사상 성도들이 함께 모여 주일 예배(회집 예배)를 드릴 수 없게 된 일은 초유의 사건입니다. 회집 예배를 포기해서는 안 된다는 이들과 당분간 온라인으로 예배를 드리자는 이들이 맞서고 있습니다.

 양자를 두고 시시비비를 가리기란 쉽지 않습니다. 하

나님의 백성이 한곳에 모여 한마음으로 하나님을 예배하는 회집 예배에는 성도 간의 인격적인 친밀한 교제가 동반됩니다. 만약 모이기만 할 뿐 사랑의 교제가 없다면 온전한 예배를 드렸다고 할 수 없습니다. 어떤 성도들은 작은 교회의 교제권 속에서 상처를 받아서, 아무도 자신을 모르는 대형 교회로 옮겨서 아무하고도 교제를 나누지 않은 채 예배만 드리고 오기도 합니다. 그런 성도들은 어쩌면 온라인 예배를 더 드리고 싶어 할지도 모릅니다. 그러나 회집 예배가 옳은지, 온라인 예배가 옳은지 하는 문제는 예배의 본질과는 관계가 없습니다. 본질이 아닌 것은 시비의 대상이 될 수 없습니다. 도리어 이러한 논쟁을, 성경에서 말하는 예배의 본질이 무엇인지 숙고하는 기회로 삼아서 참된 예배를 회복해야 합니다.

신약성경은 구약성경을 완성합니다. 구약에 나오는 모든 예배는 예수 그리스도께서 알려 주신 참된 예배로 귀결됩니다. 사복음서에서 예수님은 요한복음 4장에서

만 예배에 대해 언급하십니다. 생수를 얻은 사마리아 여인의 물음에 대해 예수님이 답변하신 부분입니다. 사마리아 여인은 그 당시 사회적인 눈으로 바라보면 부정한 여인입니다. 하지만 요한복음의 상징성을 고려하여 영적으로 바라보면 선지자를 기다리고 있는 믿음의 여인입니다.

"여자가 이르되 메시야 곧 그리스도라 하는 이가 오실 줄을 내가 아노니 그가 오시면 모든 것을 우리에게 알려 주시리이다" 요 4:25

어느 날 사마리아 여인이 물을 길으러 야곱의 우물로 나옵니다. 거기서 예수님을 만납니다. 예수님이 그 여인에게 물을 달라고 하십니다. 그 물은 그녀가 목마름을 해갈하던 "야곱의 우물"입니다. 이 우물은 야곱과 그의 아들들, 그리고 가축들까지 마시던 물이었습니다. 수질이 좋고 물의 양도 풍부했습니다. 인간과 짐승이 이 물을 함께 마셨다는 것은, 이 물이 땅에서 난 생물(네페쉬 하야)에게 적합한 양식임을 알려 줍니다.[18]

> "우리 조상 야곱이 이 우물을 우리에게 주셨고 또 여기서 자기와 자기 아들들과 짐승이 다 마셨는데 당신이 야곱보다 더 크니이까 예수께서 대답하여 이르시되 이 물을 마시는 자마다 다시 목마르려니와" 요 4:12-13

사마리아 여인이 마셔 왔던 야곱의 우물은 예수님이 주시는 생수와 대조됩니다. 이 우물물은 생수를 얻기 전까지 마시는 물, 곧 영원한 생명을 얻기 전까지 육체의 생명을 유지하려고 먹는 양식입니다. 예수께서 그 여인에게 영원히 목마르지 않는 물을 주십니다.

---

18 Barrett, 『요한복음 주석』, 374.

"내가 주는 물을 마시는 자는 영원히 목마르지 아니하리니 내가 주는 물은 그 속에서 영생하도록 솟아나는 샘물이 되리라" 요 4:14

예수님이 주시는 생수는 하늘에 속한 물이며 영생의 말씀입니다. 이는 솟아나는 샘물이 되어 우리를 영원한 생명으로 인도합니다. "솟아나다"(할로마이)라는 표현은 "펄쩍펄쩍 뛰다"라는 뜻으로, 신약성경에 세 번 나옵니다(요 4:14; 행 3:8; 14:10). 생수는 하늘에 속한 살아 있는 말씀이며(벧전 1:23, 25), 영원한 생명을 얻게 하는 복음입니다(딤후 1:10).

야곱의 우물은 하나님에게서 산출되는 "그 무엇"이며, "영적 존재물"입니다. 그런데 영적 존재물이 궁극적인 대상이 되면 존재이신 하나님을 대치하게 되어 하나의 우상이 되고 맙니다. 이에 존 파이퍼는 하나님이 주시는 존재물은 선하지만 동시에 위험을 내포하고 있다고 경고합니다.

> "하나님(존재)이 아니면서 하나님께 끌리게 하는 모든 것(영적 존재물)은 가치가 있으면서도 불안하다. 이것들은 우리를 하나님께 인도할 수 있지만, 우리를 유혹하여 그들 자신에게 이끌 수도 있다. 음식이나 결혼, 교회나 기적이 여기에 속할 수 있다. 이 모든 복은 하나님의 러브레터를 가져다준다. 그러나 우리가 하나님이 복음이심(존재)을 계속해서 강조하지 않는다면 사람들은 그 이름이 죄의 용서든, 영생이든, 천국이든, 사역이든, 기적이든, 가족이든, 음식이든, 배달부와 사랑에 빠질 것이다."[19]

영적 존재물을 표상하는 야곱의 우물은 영원한 생명에 이르기 전까지 한시적으로 주시는 은혜입니다. 따라

---

19 Piper, 『하나님이 복음이다』, 175.

서 영원한 생명으로 인도하지 않는 모든 신앙의 요소는 "야곱의 우물"이라고 할 수 있습니다. 설령 복음이라도 영원한 생명에 이르지 않게 하면 다시 목마르고 마는 야곱의 우물이 됩니다. 야곱의 우물은 신앙의 전통과 유산, 육적인 그리스도인에게 적합한 신앙 프로그램 등을 가리킵니다. 이것은 육적인 신앙생활을 연명하게 합니다. 그러나 하늘로부터 오는 생수는 펄쩍펄쩍 뛰게 하는 말씀으로서 영원한 생명을 줍니다.

생수를 얻은 여인은 예수가 선지자인 줄 알고 그분에게 예배에 관해 묻습니다.

> "우리 조상들은 이 산에서 예배하였는데 당신들의 말은 예배할 곳이 예루살렘에 있다 하더이다" 요 4:20

여인은 특정한 장소를 지명하여 진정한 예배를 어떻게 드려야 할지 묻습니다. "이 산"은 사마리아 근처에 있는 그리심산입니다. 예수님은 뜻밖의 대답을 하십니다.

"예수께서 이르시되 여자여 내 말을 믿으라 이 산에서
도 말고 예루살렘에서도 말고 너희가 아버지께 예배할
때가 이르리라" 요 4:21

여기서 예배의 장소는 예배의 형식을 대표하는 단어입니다. 오늘날의 단어로 이야기하면 회집 예배가 옳은지, 온라인 예배가 옳은지 묻는 것입니다. "예배의 장소"를 묻는 질문에 예수께서는 "예배의 때"가 이르렀다고 대답하십니다. 그리고 그때가 바로 지금이라고 하십니다.

"아버지께 참되게 예배하는 자들은 영과 진리로 예배할
때가 오나니 곧 이때라 아버지께서는 자기에게 이렇게
예배하는 자들을 찾으시느니라 하나님은 영이시니 예
배하는 자가 영과 진리로 예배할지니라" 요 4:23-24

"예배하다"의 헬라어 "프로스퀴네오"는 "프로스"(~을 향하여)와 "퀴네오"(입맞추다)의 결합어입니다. 종교의 영역에서는 신에게 입을 맞추는 것을 뜻하는데, 입을 맞추려면 무릎을 꿇어야 합니다. 이에 "프로스퀴네오"는 "땅에 엎드리다", "부복하다", "무릎을 꿇고 경배하다"를 의미합니다.

예수님은 "아버지께 참되게 예배하는 자들"이 영과 진리로 예배할 때가 온다고 말씀하십니다. 우리가 예배하는 대상은 "하늘에 계신 아버지"입니다. 따라서 예배하는 자는 생명을 얻은 하나님의 아들입니다. 생명이 있는 자만이 아버지께 예배합니다. 생명을 알지 못하고, 얻지 못한 자들은 여전히 예배의 장소를 묻습니다. 아버지께 드리는 참된 예배는 영과 진리로 드리는 예배입니다.

그렇다면 영과 진리로 예배한다는 것은 무슨 뜻입니까? 예수께서는 "하나님은 영이시니"라고 말씀하십니다(요 4:24). 그리고 "진리"는 예수 그리스도(아들) 자신이라고 선언하십니다(요 14:6). 귄터 보른캄은 "하나님은 영이시니"라는 말씀에 대해 이렇게 해석합니다.

> "하나님은 거기에 현존하고 계시며 우리를 기다리고 계신다. 실제로 단순히 기다릴 뿐 아니라 마치 아버지가 돌아온 탕자를 맞기 위해서 달려 나가듯 두 팔을 벌리고 우리를 향해 달려오고 계신다."[20]

그러므로 영과 진리로 드리는 예배는, 탕자 같은 우리를 맞이해 주시는 아버지께 구속자 아들을 힘입어 나아가는 영적 실체입니다. 예배란 진리이신 아들의 구속의 은총을 통해 아버지께 나아가는 것입니다.

요한복음에서는 영생을 아버지와 아들을 아는 것이라고 설명합니다. 아들과 아버지 안에 거하는 것이며(요

---

20 Bornkamm, *Das Ende des Gesetzes*. Barrett, 『요한복음 주석』에서 재인용, 382.

17:23-24), 아들 안에서 아버지와 사귀는 것입니다(요일 1:3). 이 사귐이 세상 가운데에서는 하나님이 기뻐하시는 삶으로 드러나며, 곧 하나님께 드리는 합당한 예배입니다(롬 12:1-2).

영과 진리가 예배의 본질입니다. 이 본질은 예배의 형식보다 우선합니다. 그릇보다 그 내용물이 더 중요하듯이 말입니다. 사실 영과 진리로 드리는 예배는 혼자서도 드릴 수 있습니다. 매일매일 말씀 묵상을 통해 영과 진리의 예배를 드릴 수 있습니다. 이렇듯 예배의 본질이 선행할 때 그릇에 비유되는 "회집 예배"(공예배)에 의미가 있습니다. 공동체가 함께 드리는 공예배는 예수님이 제자들과 식사하신 최후의 만찬에 근거합니다. 초대 교회의 공예배는 예수님의 죽음과 부활을 기리며 주일에 모였습니다. 특히 성만찬을 행하면서 주님의 명령을 떠올림으로써 복음을 전하는 사명을 공고히 다졌습니다.

공예배는 생명을 얻은 자가 성장하는 데 꼭 필요한 의

례입니다. 하나님께 영적인 생명을 받으면 그분의 자녀가 됩니다. 그 자녀들이 모여서 함께 예배하고 교제를 나누는 것은 하나님의 가족 모임에 참여해서 즐거운 시간을 보내는 것과 같습니다. 우리는 그 울타리 안에서 하나님의 사랑으로 양육되어 바르게 성장해 갑니다. 하늘로부터 오는 영생의 복을 받은 자들이 모인 곳에는 기쁨과 즐거움이 충만합니다. 시편 133편은 하나님의 가족 모임인 예배를 이렇게 묘사합니다.

"이다지도 좋을까, 이렇게 즐거울까! 형제들 모두 모여 한데 사는 일! 아론의 머리에서 수염 타고 흐르는, 옷깃으로 흘러내리는 향긋한 기름 같구나. 헤르몬산에서 시온산 줄기를 타고 굽이굽이 내리는 이슬 같구나. 그곳은 야훼께서 복을 내린 곳, 그 복은 영생이로다." 시 133:1-3, 공동번역

교회의 본질

 한국에서 코로나19는 대구의 신천지 집회에서 본격적으로 확산되었습니다. 신천지는 이단 차원을 넘어 탈법과 불법을 조장하는 사이비 종교 집단입니다. 그러나 대중은 신천지를 교회의 범주로 넣어서 일반 교회까지 싸잡아 비난했습니다. 이후 개신교회에서 확진자가 대거 발생해서 일반 교회들도 사회적 지탄을 받고 있습니다. 이 상황에서 교회 무용론이 다시 힘을 얻고 있습니다.

코로나 사태로 교회 모임이 잠정 중단되면서 상당수의 작은 교회가 존폐의 기로에 서 있습니다. 중앙일보에 "개척 교회들, 예배를 봐도 망하고, 안 봐도 망하고, 코로나 딜레마"라는 기사가 실렸습니다.[21] 이 기사에서는 한국에 있는 육만 개의 교회 중 80%를 차지하는 사만 팔천 개의 교회가 미자립 소형 교회라고 밝힙니다. 코로나 사태가 지속되면서 많은 소형 교회가 월세를 감당하지 못해서 문을 닫을 것이라고 예측합니다. 한편 교계에서도 대부분의 교회가 코로나 사태 이후 교인수가 감소하고 헌금이 줄어들 것이라고 전망합니다.

교회 무용론과 교회 폐쇄의 위기 앞에서 과연 교회의 본질이 무엇인지 묻지 않을 수 없습니다. 교회 무용론에 대한 성경의 입장은 분명합니다. 탄식하는 피조 세계가 유일하게 바라는 것은 하나님의 아들들이 나타나는 것

---

21 중앙일보, 2020. 6. 8. https://news.joins.com/article/23795850.

입니다(롬 8:19). 교회는 그리스도의 몸입니다. 교회가 세상에 존재하는 목적은 탄식하는 만물이 그리스도로 말미암아 충만해지도록 하기 위함입니다(엡 1:22-23). 곧 교회는 세상을 구원으로 인도하기 위해 존재합니다. 스탠리 하우어워스는 교회가 세상에 필요한 이유를 이렇게 설명합니다.

"교회가 없이는 세상이 자기가 누구인지를 알 수 없기에 세상은 교회를 필요로 한다. 이 세상 속에 구원이 이루어지고 있음을 세상이 아는 방법은 교회가 구원받은 백성이 되어 구주를 나타내 보이는 길뿐이다. 세상은 파괴되고 타락한 상태에 있으며 또한 구원받을 필요가 있다는 사실을 이 세상이 아는 방법은, 교회가 세상을 도와서 세상이 제공하는 것과는 전혀 다른 것을 맛보

도록 해 주는 것이다."²²

본회퍼는 교회가 세상을 위해 존재한다고 말합니다. 구원의 방주로서의 사명을 강조하는 표현입니다. 대중의 인기를 좇는 교회는 시대가 변함에 따라 사라집니다. 그러나 생명을 주는 교회는 결코 사라지지 않습니다. 막강한 제국들, 악명 높은 전제주의 정권들, 위대한 철학 체계들은 다 무너지고 없어졌지만 교회는 오늘날까지 굳건히 서 있습니다.²³ 성도수가 얼마나 많은지, 건물이 얼마나 큰지, 담임목사님이 얼마나 유명한지 여부는 중요한 문제가 아닙니다. 주님을 그리스도로 고백하고 믿는 교회가 바로 반석 위에 세워진 교회입니다. 음부의 권세는 이 주님의 교회를 이기지 못합니다(마 16:18).

그런데 눈에 보이는 외형 교회들은 나타났다 사라지

---

22 Hauerwas, 『하나님의 나그네 된 백성』, 136.
23 Newbigin, 『변화하는 세상, 변함없는 복음』, 195.

기도 합니다. 초대 교회의 본거지였던 예루살렘 교회와 소아시아 교회가 흔적도 없이 사라졌습니다. 유럽의 기독교는 쇠락해 가고, 한때 기독교가 발흥했던 아프리카는 이슬람교의 손에 넘어가고 말았습니다. 이처럼 눈에 보이는 교회는 영원하지 않습니다. 참된 교회, 그리스도를 머리로 하는 "그 교회"(the church)만이 영원합니다.

신약성경에서는 교회의 본질을 "모임"이라고 설명합니다. 교회의 헬라어 "에클레시아"는 "모임"이라는 뜻입니다. 바울은 교회를 "성도로 부르심을 받은 자들"이라고 표현합니다.

> "고린도에 있는 하나님의 '교회 곧 그리스도 예수 안에서 거룩하여지고 성도라 부르심을 받은 자들'과 또 각처에서 우리의 주 곧 그들과 우리의 주 되신 예수 그리스도의 이름을 부르는 모든 자들에게" 고전 1:2

에클레시아는 "에크"(~로부터)와 "클레오"(부르다)의 결합어입니다. 즉 교회의 본질은 "성도들의 모임"입니다. 신약성경에서는 "에클레시아"를 단수형과 복수형 둘 다 사용합니다(행 8:1; 9:31). 케빈 길레스는 교회(에클레시아)가 단수와 복수의 형태를 띠는 것은, 교회가 곧 성도이고(단수) 동시에 성도들의 모임(복수)이기 때문이라고 밝힙니다.[24]

초대 교회는 주로 가정 단위로 구성된 생명의 공동체였습니다(모임). 바울 서신에 종종 나오는 "~의 집"이라는 표현은 가정에서 모이는 교회를 지칭합니다(롬 16장 참조). 일반적으로 열다섯 명을 넘지 않는 소규모의 가정 교회를 말합니다.[25] 313년 콘스탄티누스의 기독교 공인 이후 건물 교회가 세워지면서 교회는 교황을 수장으로

---

24 Giles, 『신약성경의 교회론』, 137.
25 로마 제국은 시저의 암살 사건 이후 열다섯 명 이상 모이는 집회를 하지 못하게 했습니다.

하는 종교 기관의 형태를 차츰 갖추게 되었습니다. 이에 교회가 성도들의 모임이라는 본질은 쇠퇴하고, 인간의 필요에 의한 종교 기관으로서 그 역할을 감당했습니다.

16세기 종교 개혁자들은 성경을 근거로 교회를 개혁합니다. 루터는 "만인 제사장설"을 내세워서 교회를 "성도들의 모임"으로 규정합니다. 칼뱅은 "성도들의 모임"일 뿐 아니라 "하나님이 제정하신 기구" 또는 "제도"로 규정합니다.[26] 하나님의 말씀이 먼저 있고 이에 응답하는 성도들이 모임을 일으키므로 제도로서의 교회가 성도들의 모임보다 우선한다는 견해입니다. 교회를 기구나 제도로 규정하면 자연스럽게 직분이 생깁니다. 칼뱅은 목사, 장로, 집사라는 3중직 교리를 제정해서 발전시킵니다.

한국 교회는 처음에 복음을 전해 준 장로교 선교사들의 영향으로 칼뱅의 교회관을 지지하는 경향을 보입니

---

26 김영재, 『되돌아보는 한국 기독교』, 310.

다. "성도들의 모임"이나 "생명의 교제 공동체"라는 교회의 본질을 종종 소홀히 여기고 제도와 기구 같은 외형적인 요소를 중요시합니다. 그래서 "교회"가 무엇인지를 물으면 대다수의 성도가 건물이나 직분 등을 먼저 떠올립니다. 그리고 교회의 가치를 비본질적인 요소에 한정시킵니다. 건물의 크기, 성도들의 숫자, 헌금의 규모로 교회의 등급을 매기는 것입니다. 이는 예수님이 말씀하신 교회의 모습과 전혀 다릅니다. 칼 바르트는 이러한 교회를 가리켜 무신론을 조장하는 조직화된 종교 기관이라고 단언합니다.[27] 초대 교회가 구현한 교회의 본질과 아주 거리가 먼 모습입니다.

성경에서는 두세 사람이 주의 이름으로 모인 곳에 주님이 함께하신다고 선언합니다(마 18:20). 교회의 본질을 회복하려면 생명의 교제를 나누는 공동체를 이루어야

---

27 김균진, 『현대 신학사상』, 30.

합니다. 성도 각자가 생명을 얻어 하나님 아버지와 그분의 아들 안에 거할 때, 이는 삼위일체 공동체성의 교회가 됩니다.

케빈 길레스는 교회의 새로운 전망으로 삼위일체적 교회론을 제시합니다.[28] 삼위일체적 교회론은 창세전 삼위 하나님의 연합과 하나 됨에 기초합니다. 성부와 성자, 성령은 영원에서부터 하나를 이루신 영적 공동체로서 교회의 모형입니다. 아버지께서 아들 안에, 아들이 아버지 안에 거함으로써 하나가 되십니다.

> "내게 주신 영광을 내가 그들에게 주었사오니 이는 우리가 하나가 된 것같이 그들도 하나가 되게 하려 함이니이다" 요 17:22

---

28 Giles, 『신약성경의 교회론』, 322-323.

이는 교회의 공동체성과 하나 됨을 표상하는 내재적 삼위일체의 존재 양식입니다. 나아가 성도 개개인이 그리스도 안에서 하나님과 연합됨으로써 구현되는 교회의 실재입니다. 이 같은 교회는 아버지가 아들 안에, 아들이 아버지 안에 있는 것처럼 성도들이 다 하나가 되어 삼위 하나님 안에 거함으로써 세상에 아들을 증거합니다(요 17:21).[29]

성도들의 모임(복수)으로서의 교회에 이어 성도 개인(단수)으로서의 교회의 본질을 살펴봅시다. 교회가 세상에 존재한다는 것은 성도 각자가 세상 가운데서 살아간다는 것을 뜻합니다. 교회로서 성도는 하나님이 그리스도를 통해 이루신 세상과의 화해 활동에 참여합니다.

김학철 교수는 하나님의 화해 활동이 "아무것도 아닌 자들"에게서 일어난다고 주장합니다.[30] 하나님께서 자기

---

29 서형섭, 『하늘에 속한 말씀의 기쁨』, 308.
30 김학철, 『아무것도 아닌 것들의 기쁨』, 65.

아들을 "아무것도 아닌 것"으로 "아무것도 아닌 것들"에게 보내서서, 아무것도 아닌 것들이 당하고 사는 폭력과 수치를 고스란히 함께 당하게 하셨다고 합니다.

그렇습니다! 세상에서 자칭 "의인"이라는 자들, 부와 권력과 명예를 누리는 자들은 하나님에게 원망할 것이 별로 없습니다. 그래서 하나님께서 일차적으로 화해를 청하시는 대상은 하나님을 원망할 수밖에 없는 "아무것도 아닌 것들"입니다. 그들이 품고 있던 그 원한과 절망("나의 하나님, 나의 하나님 어찌하여 나를 버리셨나이까?"[막 15:34])에 하나님은 그들과 함께 고통당하는 것으로 응답하십니다. "나는 너의 고통을 알고 그 고통에 함께하고 그 고통으로 죽는다. 그러나 이제 다른 세상을 만들어 간다. 이제 화해하자."[31] 그리고 하나님은 그들에게 하나님과 더불어 사는 참된 구원, 생명을 주십니다.

---

31 김학철, 『아무것도 아닌 것들의 기쁨』, 65.

하나님의 화해 활동은 교회로 현존하는 성도를 통해서 일어납니다(고후 5:18-19). 하비 콕스는 개인으로서의 교회(에클레시아)를 "움직임"이라고 정의합니다. 그는 헬라어 에클레시아에 본래 "움직임"이라는 뜻이 있다고 통찰합니다.[32] 그에 의하면 성도 각자는 세상 가운데서 "교회"로 존재합니다. 그리스도의 몸 된 교회로 세상에 현존하는 것입니다. 그리고 하나님께서는 이 성도들을 통해 세상에서 역동적으로 화해 활동을 펼치십니다. 성도는 이데올로기, 신학과 정치적인 이유로 일어나는 갈등을 무릅쓰고 사람들이 서로 동등하게 함께 살아가도록 사람들을 자유롭게 합니다.[33] 이웃을 권위적이고 전통적인 종교 제도(보이는 교회)로 이끄는 것이 아니라, 성도 자신이 성숙하고 책임 있는 존재가 되어 그들과 더불어 살아갑니다. 그렇게 할 때 세상은 하나님의 화해 활동을

---

32 Cox, 『세속도시』, 338.
33 Cox, 『세속도시』, 341.

받아들여서, 종교 기관으로서의 교회가 아니라 개인으로서의 교회로 오게 될 것입니다.

톰 라이트는 코로나 팬데믹을 겪는 이 상황에서 "개인으로서 교회"의 사명을 일깨워야 한다고 주장합니다.[34] 코로나19 때문에 세상이 탄식하고 있습니다. 탄식하는 세상을 보며 성도들도 탄식합니다(롬 8:22). 어떤 진단이나 대안도 내놓지 못하고, 마땅히 빌 바를 알지도 못한 채 탄식합니다. 성령께서는 우리의 연약함을 도우셔서 우리를 대신하여 마땅히 빌 바를 하나님께 간구하십니다(롬 8:26-27). 우리가 신음하면서 무슨 말을 해야 할지, 어떤 행동을 해야 할지 알지 못하는 바로 그때 성령 하나님과 성부 하나님도 함께 신음하고 계십니다. 하나님께서는 그분이 사랑하는 자들과 함께 일하셔서 모든 일에서 선을 이루십니다.

---

34 Wright, 『하나님과 팬데믹』, 75-93.

"우리가 알거니와 하나님을 사랑하는 자 곧 그의 뜻대로 부르심을 입은 자들에게는 모든 것이 합력하여 선을 이루느니라" 롬 8:28

로마서 8:28은 성도가 위기나 재앙을 만날 때 애송하는 구절입니다. 우리는 이 구절을 "신자에게 일어나는 모든 일이 결국은 선을 이룬다"라는 식으로 해석합니다. 그러나 이렇게 "모든 것"을 주어의 자리에 두면 "무슨 일이든 결국은 잘된다"(신경 쓸 필요 없어. 모든 일이 협력하여 선을 이룰 테니까!)라는 스토아학파의 주장에 동의하는 것과 같습니다.[35] 이것은 탄식하는 세상에 대한 적절한 처신이 될 수 없습니다.

로마서 8:28은 27절과 연결해서 해석해야 합니다. 이 구절에서 주어는 "모든 것"이 아니라 "마음을 살피시는

---

35 Wright, 『하나님과 팬데믹』, 87.

하나님"입니다. 만일 "모든 것"이 주어라면 "모든 것"에 일종의 내적 에너지가 있어서 <u>스스로</u> 작동한다는 말이 됩니다. 28절의 "합력하다"(순-에르그)는 "함께 일하다"라는 뜻입니다. 즉 하나님이 주체가 되셔서 그분이 사랑하는 이들과 함께 일하신다는 것입니다. 하나님께서는 탄식하는 세상 가운데에서 그분이 사랑하는 자들과 "함께 일하셔서"(쉬네르게오) 선을 이루십니다.

따라서 로마서 8:28은 이렇게 해석하는 것이 적절합니다. "하나님은 그분을 사랑하는 자들과 함께 일하셔서 모든 것에서 선을 이루신다." 최근 많은 학자가 이 해석을 지지합니다(H. G. Jacob, S. C. Keesmaat, B. J. Walsh 등).[36] 이 같은 해석이 영어 성경(NIV)의 두 번째 난하주에도 나옵니다. "that in all things God works together with those who love him to bring about what is good –

---

36 Wright, 『하나님과 팬데믹』, 87-88.

with those who."

하나님은 탄식하는 만물을 위해 아들을 세상에 보내셨습니다. 자신이 지으신 세상을 사랑하셔서 아들을 보내사 구원의 길을 여셨습니다. 구원받은 우리는 하나님의 사랑을 받아 그분을 사랑하는 그분의 자녀들입니다. 그분을 사랑하는 자, 우리는 탄식하는 만물 가운데에서 만물과 더불어 탄식하며 하나님과 함께 일하는 자들입니다. 하나님은 세상에서 교회로 세워진 우리를 통해 만물을 충만하게 하십니다. 이것이 교회를 향한 주님의 뜻입니다.

"내리셨던 그가 곧 모든 하늘 위에 오르신 자니 이는 만물을 충만하게 하려 하심이라" 엡 4:10

탄식하는 세상에서 하나님과 일하는 자, 교회는 고난을 당합니다. 하지만 그 고난은 결코 헛되지 않습니다.

그리스도와 함께 당하는 고난이며 장차 나타날 영광과 비교할 수 없는 고난입니다. 이 고난은 하나님이 우리를 아들의 형상으로 빚으시는 "선"을 이룹니다(롬 8:29). 하나님과 함께 일하며 고난당하는 우리가 특별히 기억할 것은 이것입니다. 세상 가운데에서 교회로서 당하는 고난이 우리를 사망으로 이끌지라도, 우리는 결코 패배하지 않는다는 것입니다. 만물 안의 그 무엇도 그리스도 예수 안에 있는 하나님의 사랑에서 우리를 끊을 수 없기 때문입니다. 그리스도 예수 안에서 나타나는 하나님의 사랑(헤세드)은 영원합니다!

"누가 우리를 그리스도의 사랑에서 끊으리요 환난이나 곤고나 박해나 기근이나 적신이나 위험이나 칼이랴 기록된 바 우리가 종일 주를 위하여 죽임을 당하게 되며 도살 당할 양같이 여김을 받았나이다 함과 같으니라 그러나 이 모든 일에 우리를 사랑하시는 이로 말미암아 우리가 넉넉히 이기느니라 내가 확신하노니 사망이나 생명이나 천사들이나 권세자들이나 현재 일이나 장래 일이나 능력이나 높음이나 깊음이나 다른 어떤 피조물이라도 우리를 우리 주 그리스도 예수 안에 있는 하나님의 사랑에서 끊을 수 없으리라" 롬 8:35-39

나가는 말

코로나19가 세상과 교회를 변혁하고 있습니다. 역사의 주관자이신 하나님께서는 여전히 세상 가운데서 활동하고 계십니다. 하나님은 전지전능하시고 편재하시며 만물을 새롭게 하십니다. 궁극적으로 그분의 역사는 새 하늘과 새 땅을 향해 나아갑니다. 하나님 안에 있는 자는 죽음 같은 현실이 밀려와도 산 소망을 품고 그분의 역사에 참여합니다. 세상은 변하고 교회의 외형도 변합니다. 우리가 추구하고 숭앙했던 신 개념도 변하고 사라집니다. 하지만 신 본질의 신앙은 항상 존재합니다. 신 본질의 신앙에서 비로소 복음의 본질, 예배의 본질, 교회의 본질이 계시됩니다.

하늘에서 "신 본질"로 세상에 오신 예수 그리스도께서는 어둠과 혼돈의 땅으로 가서 사셨습니다("가서 사시니"[마 4:13]). 생명의 본체이신 그리스도께서 흑암과 사망의 그늘진 땅에서 살아가셨습니다. 그러자 그 땅에 사는 사람들이 "큰 빛"을 보게 되었습니다.

> "흑암에 앉은 백성이 큰 빛을 보았고 사망의 땅과 그늘에 앉은 자들에게 빛이 비치었도다 하였느니라" 마 4:16

복음을 통해 생명으로 사는 자, 영과 진리로 예배하는 자, 탄식하는 세상 속에서 교회로 존재하며 하나님과 함께 일하는 자, 세상은 그들을 보고 "큰 빛"을 보았다고 말할 것입니다. 그리고 하나님 나라가 이 땅에 도래했음을 알고 회개하고 하나님께 돌아올 것입니다(마 4:17).

코로나 팬데믹으로 사람의 일이 중단되고 있습니다. 그러나 주의 일은 결코 중단되지 않습니다. 주의 일에 자신을 드리는 자들은 헛되지 않은 수고로 인해, 역사의 마지막에 이르러 자신들을 부르신 하나님을 찬양할 것입니다(고전 15:58).

종말은 현재이며, 그날이 바로 오늘입니다. 영원한 지금입니다.

참고 문헌

국내 서적

김균진. 『현대 신학사상』. 서울: 새물결플러스, 2014.

김영재. 『되돌아보는 한국 기독교』. 수원: 합신대학원출판부, 2008.

김용규. 『신』. 서울: IVP, 2018.

김학철. 『아무것도 아닌 것들의 기쁨』. 파주: 문학동네, 2016.

서형섭. 『하늘에 속한 말씀의 기쁨』. 고양: 이레서원, 2013.

_____. 『복음과 생명』. 고양: 이레서원, 2018.

"개척 교회들, 예배를 봐도 망하고 안 봐도 망한다." 중앙일보. 2020년 6월 8일.

"목사는 무엇을 남기고 떠나는가?" 기록문화연구소 동영상.

번역 서적

Armstrong, Karen. 『신의 역사 Ⅰ, Ⅱ』. 배국원, 유지황 역. 서울: 동연, 1999.

Barrett, C. K. 『고린도전서 주석, 국제성서주석』. 한신연번역실. 서울: 한국신학연구소, 1988.

_____. 『요한복음 주석, 국제성서주석』. 한신연번역실. 서울: 한국신학연구소, 1984.

Cox, Harvey. 『세속도시』. 이상률 역. 서울: 문예출판사, 2010.

Giles, Kevin. 『신약성경의 교회론』. 홍성희 역. 서울: 기독교문서선교회, 1999.

Hauerwas, Stanly & Willimon, William. 『하나님의 나그네 된 백성』. 김기철 역. 서울: 복있는 사람, 2018.

Newbigin, Lesslie. 『변화하는 세상, 변함없는 복음』. 홍병룡 역. 서울: 아바서원, 2016.

Niezsche, F. W. 『차라투스트라는 이렇게 말했다』. 장희창 역. 서울: 민음사, 2004.

Piper, John. 『하나님이 복음이다』. 전의우 역. 서울: IVP, 2006.

Wright, Tom. 『하나님과 팬데믹』. 이지혜 역. 파주: 비아토르, 2020.

MEMO